EXTRAIT

DE L'ESSAI

SUR

LES LOIX DES BATIMENS.

EXTRAIT

DE L'ESSAI

SUR

LES LOIX DES BATIMENS.

Par MADIN, ARCHITECTE.

Prix, 1ᶠ 10ˢ.

———

A PARIS,

Chez { L'AUTEUR, rue Verneuil, faubourg Saint-Germain, N.º 428 ;
MIGNERET, Imprimeur, rue Jacob, N.º 1186.

———

AN 5. — 1797.

AVANT-PROPOS.

JUSQU'A PRÉSENT on n'a rien donné de bien précis sur les loix des bâtimens, attendu que chaque ci-devant province avoit ses coutumes particulières, qui étoient entr'elles plus ou moins discordantes, et qui étoient plus ou moins bien commentées : mais, comme la République ne doit être qu'une, il paroît convenable que la Législature établisse des loix communes à tous les départemens, et assises sur celles de ces coutumes les plus équitables. C'est dans cette vue que l'on a cru devoir présenter cet Extrait au public, et particulièrement aux propriétaires de fonds, architectes, hommes de loix et entrepreneurs, et de rapprocher les objets

analogues, afin qu'ils soient à même de
relever les erreurs qu'on auroit pu com-
mettre involontairement. Si cet ouvrage
est accueilli, on pourroit se décider à
faire imprimer l'Essai sur ces loix, présenté en thermidor, an 3, au Comité
de Législature, et de suite déposé à la
Section du Système, sous le n.º 13589;
Essai qui ne formeroit qu'un volume
qui ne seroit pas deux fois plus étendu
que celui-ci, et où l'on pourroit recon-
noître le plus ou le moins de légalité
des principes qui lui servent de base;
et par la suite on pourroit se hasarder
de faire imprimer un Traité d'Archi-
tecture-pratique, parce que celui actuel, propre à quelques égards, dans
son temps, à certaines ci-devant pro-
vinces, ne l'étoit pas à la plupart des
autres, quoiqu'il ait été à vrai dire en
partie refondu par de judicieux Com-

mentateurs, qui ayant relevé différentes erreurs, en ont laissé subsister d'autres qui donnent trop de prise à l'arbitraire.

Il seroit à desirer pour le bien de l'humanité, qu'il se trouvât seulement deux ou trois Commentateurs impartiaux pour chaque matière de jurisprudence, et que les Législateurs prissent entr'eux ceux qu'ils reconnoîtroient les plus propres à choisir et même à rectifier au besoin les propositions qui leur seroient présentées, pour ensuite établir un code de loix où toutes ces matières seroient claires, précises et suffisamment étendues ; ce qui éviteroit la grande confusion dans l'interprétation des loix, et rendroit à la culture des terres des gens aussi étrangers à l'interprétation des loix qu'à la discussion des affaires ; d'où il s'ensuivroit que l'esprit de chicane seroit moins répandu dans la République : car il est facile de diversifier et de divaguer sur ce qui n'a pas été prévu par la loi, ou qui ne l'est que très-peu, ou même qu'indirectement.

EXTRAIT

EXTRAIT

DE L'ESSAI DÉVELOPPÉ

SUR

LES LOIX DES BATIMENS.

PREMIÈRE PARTIE.

Des obligations ou asservitudes en général.

Ces obligations se divisent en urbaines et en rustiques ; elles sont apparentes ou cachées. On distingue quatre différences d'obligations.

Celles naturelles et d'intérêts publics ;

Celles fondées par titres et sans titres ;

Celles retenues ou constituées par un père de famille ou le vendeur ;

Et les obligations par faits de changemens et de constructions.

Toutes tolérances ne peuvent être prises pour des obligations, quand même on en

A

auroit joui depuis plusieurs siècles; parce qu'il étoit et il est encore loisible à ceux qui les souffrent de les faire supprimer : ainsi on doit les regarder comme non-avenues.

CHAPITRE PREMIER.

Des obligations naturelles.

ARTICLE I.er

Nul propriétaire ne peut ni ne doit s'opposer à ce que l'on s'empare de son héritage pour l'utilité publique, sauf à réclamer indemnité suffisante pour l'héritage ou partie d'héritage qu'il seroit tenu de concéder.

II. Nul propriétaire d'un héritage inférieur de sol, recevant et ayant toujours reçu naturellement les eaux pluviales ou de source des héritages plus élevés, ne doit les détourner, pour les verser sur d'autres héritages, sans le consentement des propriétaires de ces derniers héritages, et qu'à la condition que l'intérêt public et particulier n'en sera pas grevé. Il ne lui est pas libre d'augmenter la rapidité des eaux, ni de les retenir de manière qu'elles puissent porter dommage par leur irruption subite.

(3)

Il doit souffrir tous les inconvéniens que la situation du terrein supérieur peut lui causer naturellement, et sans main-d'œuvre.

III. Un propriétaire doit souffrir sur son héritage, le passage à un voisin pour aller exploiter ses terres, vignes, prés, bois, etc. si toutefois ce voisin n'a pas et n'a pas eu d'autres passages connus ; mais si ce passage pour l'intérêt public lui étoit enlevé, il pourroit le prendre par l'endroit le plus court sur l'héritage de l'un de ses voisins, moyennant une juste indemnité, et il seroit fondé à réclamation de cette indemnité occasionnée par la suppression de son ancien passage.

IV. Le passage à pied, dit sentier, doit avoir un mètre de largeur et 2 mètres 36 de hauteur, s'il est couvert.

Le passage à cheval sera de 2 mètres de largeur, et de 3 mètres de hauteur, s'il est couvert.

Et le passage à voiture aura 3 mètres de largeur et 3 mètres 50 de hauteur, s'il est aussi couvert; et on y doit observer, par chaque 200 mètres de longueur, une place, dite remise, pour faciliter les passages des voitures lors de leurs rencontres.

V. Les égoûts, ruisseaux, fontaines et

rivières publics appartiennent aux Communes des cantons où ils passent, et rien ne peut s'établir sur ou contre sans l'agrément de la Commune du canton où doit se faire l'établissement.

VI. Ceux qui veulent construire, joignant rues, places et chemins publics, doivent faire connoître aux Administrations chargées de ces objets, leurs projets de constructions, afin que ces Administrations ne laissent rien faire de contraire à l'intérêt public.

CHAPITRE II.

Des obligations fondées par titres et sans titres.

ARTICLE I.er

Qui a le sol d'un héritage a le dessous et le dessus, s'il n'y a titres contraires. Il peut planter et édifier par-dessus et par-dessous. Tout ce qui s'y trouve lui appartient, à l'exception des mines d'or, d'argent, et autres mines et minières qui pourroient être exploitées par ou au compte de la République ; sauf indemnité pour la non-jouissance du sol et de ce qui se trouveroit élevé au-dessus : en cas d'affermage de ces mines, le propriétaire du sol où elles se trouvent a le droit de préférence.

Tous entrepreneurs des travaux publics peuvent, pour ces travaux, extraire dans les héritages non clos de murs, les pierres et sables, si ces matériaux sont reconnus les meilleurs du canton, à la charge que les parties de sols fouillées resteront aux propriétaires de ces héritages, et que ces propriétaires seront indemnisés par lesdits entrepreneurs en raison du produit de ces héritages, et à raison des dégâts occasionnés par les extractions et charrois.

Un trésor trouvé, par hasard, dans un héritage, quand même il seroit nouvellement acquis, appartient au nouvel acquéreur qui l'auroit trouvé ; et, s'il est découvert par autre que par lui, celui qui l'a découvert en a la moitié, et le propriétaire de cet héritage a l'autre moitié.

II. Aucun égoût particulier ne peut être établi ou subsister sans titre, s'il n'est amené par la manière d'être et d'avoir été des héritages.

III. Lorsque par titre il est dit indéfinitivement que les eaux d'une maison ou de tous autres héritages s'écouleront par un héritage voisin : celui qui a ce droit peut, en changeant la disposition de son héritage, faire écouler, par cet héritage voisin, toutes les eaux du sien, si toutefois aucune des parties de sondit héritage n'avoit d'écoulement par autres endroits; à la charge cependant par lui d'agrandir le canal au besoin, et de payer seulement au voisin une indemnité proportionnée au dégât qui auroit pu être occasionné par le trop peu de grandeur de ce canal.

IV. On doit poser une grille de fer au-devant du trou par où les eaux s'écoulent, sur l'héritage voisin, afin d'empêcher que les ordures y passent.

V. S'il est dit par titre que les eaux pluviales passeront et s'écouleront par l'héritage voisin, il n'y a que les eaux qui tomberont du ciel qui doivent y passer, et les eaux provenant des puits, des cuisines, etc. n'y passeront pas.

VI. Si une maison, recevant les eaux puantes d'une autre maison, a le droit par titre de faire écouler ces eaux par une autre maison, elle ne peut y faire écouler les eaux de ses cuisines, parce que l'obligation de cette troisième maison est de recevoir les eaux puantes de la première, et non celles de la seconde.

VII. Les entretiens des ruisseaux et égoûts sont à la charge des ayant droits et dans la proportion de leur usage , à moins que les titres en chargent ceux qui sont obligés de les souffrir.

VIII. Si le sol sur lequel se déchargeoit un égoût particulier , et passant à travers d'un héritage voisin , étoit surélevé pour l'intérêt public , de manière à ce que les eaux de cet égoût ne puissent s'y verser sans faire de nouvelle construction ; c'est au propriétaire de cet égoût à faire la dépense ; sauf réclamation à l'Administration de la chose publique ; et le voisin est obligé de souffrir sans indemnité ces constructions , et même de fournir au besoin le terrein propre à faire un puisard pour recevoir ces eaux.

IX. L'on ne doit point démolir les objets d'obligations , sans qu'au préalable reconnoissance d'iceux n'ait été faite en présence des parties intéressées , ou elles duement appelées.

X. Si un héritage est grevé d'obligations de passage , d'égoût, etc. de l'héritage voisin , et que le propriétaire de ce dernier héritage en acquiert un autre qui lui soit contigu, et qui n'ait aucun droit à ces obligations, ce propriétaire ne peut, sans l'agrément du propriétaire de l'héritage grevé, se servir de ces obligations pour la desserte de sa nouvelle acquisition.

XI. Celui qui n'a pas le droit d'égoût de couverture sur l'héritage voisin, ne peut y prendre le service de ses couvertures et verser les eaux de ses bâtimens sur cet héritage; il peut les recevoir dans des chaîneaux à plomb de son propre terrein qui les rejetteront sur ce terrein, ou laisser entre les égoûts de ses couvertures et les lignes séparatives, des espaces chacune d'un mètre de largeur, espaces dites tours de l'échelle, ayant pentes suffisantes pour verser les eaux sur le terrein de celui qui les possède, et que l'on pave en pente et avec revers, lorsqu'elles se trouvent joignant les constructions mitoyennes ou propres aux voisins; et si, malgré cette précaution de pavé, les murs mitoyens ou propres au voisin se trouvoient dégradés par cause de la chûte des eaux des égoûts, ils seroient réparés au compte du propriétaire de ces égoûts.

XII. Nul propriétaire ne peut établir sans titres ses vues droites qu'à 2 mètres de distance de l'extérieur des appuis de ses bal-

cons ou terrasses, ou de ses baies de vue
aux lignes séparatives des héritages voisins, et qu'à 66 centimètres pour ses baies
de vue de côté, à compter des arrêtés ex-
térieurs des premiers tableaux à ces lignes,
à moins que pour celle-ci on fasse construire sur les murs mitoyens des éperons
ou aîles, chacun de 60 centimètres de saillie.

XIII. Dans les quartiers des villes, faubourgs et bourgs au-dessus de médiocre
population, un voisin peut forcer l'autre
de faire clôture mitoyenne à l'usage du
pays; et dans les quartiers où cette population seroit au-dessous, il ne pourroit l'y
contraindre; mais, dans l'un ou l'autre cas,
il lui seroit loisible d'établir la clôture,
moitié de son épaisseur sur l'un des héritages, et moitié sur l'autre.

Un quartier est de médiocre population
lorsqu'il ne s'y trouve que cinquante habitans par chaque are, compris rues, cours,
jardins, etc.

Un mur de clôture mitoyen doit avoir
ordinairement en fondation, un mètre de
profondeur, et 6 décimètres d'épaisseur en
terrein vierge; et hors de la fondation,
5 décimètres d'épaisseur, et 3 mètres 33
de hauteur, y compris chaperons à deux

égoûts. On ne peut en changer les dimensions que du consentement des ayant droits.

XIV. Dans un lieu très-foible de population , un propriétaire ne pourra contraindre son voisin de lui céder en payant la mitoyenneté d'une clôture que celui-ci auroit établie sur son terrein ; il ne pourroit y être contraint qu'autant qu'il l'auroit construite , moitié sur l'un , et moitié sur l'autre des héritages.

XV. Dans les quartiers au-dessus de la foible population , les murs de clôture sont réputés mitoyens , lorsqu'il se trouve de part et d'autre des indices de mitoyenneté ; mais , dans les quartiers au - dessous , ces indices sont insuffisans , il faut des titres.

XVI. Les indices de mitoyenneté dans les murs de clôture sont, 1.º les chaperons à deux égoûts , 2.º les baies de vues feintes des deux côtés ; 3.º les infixations des pièces de bois et liaisons de constructions adossées à chaque face de ces murs ; 4.º enfin , les corbeaux de pierre y incorporés , de quelque manière qu'ils soient posés.

Les corbeaux posés de manière à recevoir une charge , indiquent que le mur est mitoyen dans toute sa hauteur ; et ceux qui sont posés à contre-sens , servent à faire connoître que les murs ne sont mitoyens d'un côté que jusqu'à la hauteur du dessous desdits corbeaux.

Les indices de la non mitoyenneté des murs de clôture, sont 1.º les chaperons à un seul égoût versant les eaux sur le terrein à qui appartient le mur ; 2.º les baies de vues feintes d'un côté, et point de l'autre, et ayant plus de profondeur que la moitié des épaisseurs des murs ; les infixations ou liaisons d'un seul côté ; 4.º les corbeaux en pierre portant charges, ou propres à les porter aussi d'un seul côté.

Les indices de mitoyenneté des haies vives et mortes, sont lorsque les haies sont établies sur les lignes séparatives, et qu'il se trouve des bornes dans le milieu de leur épaisseur, ou des murs reconnus mitoyens à leurs abouts, dont les alignemens sont dans la direction de ces mêmes haies, et encore quand il y a fossés de chaque côté.

Les indices de la non mitoyenneté des haies vives et mortes, sont lorsqu'elles ne sont pas établies sur les lignes séparatives, qu'il se trouve des bornes au-delà, des fossés du côté de ces bornes, et point de l'autre côté, et des murs non mitoyens à leurs abouts et dans leurs alignemens.

Un fossé séparant deux héritages, est réputé mitoyen lorsqu'il est établi sur la ligne séparative, et lorsque les terres en provenant ont été jetées de côté et d'autre : autrement ce fossé ne seroit point mitoyen.

XVII. Il faut avoir privés, dits latrines, dans les villes, faubourgs et bourgs, même dans les quartiers de ces lieux de très-foible population.

On doit porter hors les villes, faubourgs et bourgs les vidanges des privés et d'autres objets infects.

CHAPITRE III.

Des obligations retenues ou constituées par un père de famille, ou par le vendeur.

ARTICLE I.er

Les destinations ou obligations retenues ou constituées par un père de famille, ou par le vendeur, valent titres, quand elles sont ou ont été par écrit ; pourvu, toutefois dans le dernier cas, qu'il se trouve des signes non équivoques de ces destinations; autrement elles seroient regardées comme non avenues, ou elles seroient réduites à ce qu'on devoit naturellement s'attendre.

La preuve par témoins n'est pas reçue contre un acte, ni au-delà de ce qu'il contient; et à défaut d'acte, elle consiste dans les faits et les circonstances que renferment les dispositions des témoins.

II. L'obligation de livrer une chose comprend ses accessoires et les dépendances sans lesquelles elle seroit inutile.

III. Celui qui vend la chose d'autrui, et qui ne peut la livrer, doit indemniser l'acheteur.

IV. Si la chose vendue contient moins que le contrat ne le porte, le vendeur est tenu d'en indemniser l'acheteur; et si dans ce contrat on s'est servi des mots, *ou environ,* mots ordinairement employés à la vente des terreins, le vendeur ne peut être recherché, s'il ne manque pas plus de la vingtième partie de la chose vendue.

V. Le vendeur n'a pas la faculté du rachat sans l'agrément de l'acquéreur, à moins qu'il ne se la soit conservée dans l'acte, et encore cette faculté ne peut s'étendre au-delà de trois ans, à compter de la consommation de cet acte; et s'il vient à mourir pendant l'intervalle, cette même faculté ne passe pas à ses successeurs.

VI. Un héritage étant coupé en deux

parties par un passage d'obligation, le propriétaire de cet héritage peut bâtir de droite et de gauche, et réunir ses deux bâtimens en construisant des pièces au-dessus de ce passage, pourvu toutefois que ces bâtimens ne le rendent pas trop obscur; et les ayant droits au même passage ne seroient tenus, comme auparavant, qu'à l'entretien du sol dudit passage, à moins qu'ils n'aient dégradé les murs par mal-adresse; dégradations qui seroient réparées à leur charge.

VII. Celui qui a droit de passage non commun dans la maison du voisin, peut de ce passage en faire une remise ou toute autre pièce, pourvu qu'elle ne soit pas plus nuisible à ce voisin, et qu'il lui paie les charges dues par ce changement.

Ces charges consistent dans l'entretien du pavé sur les voûtes des caves, le remboursement du plancher sur tête (pavé sur ce plancher non compris) et la moitié de la valeur des murs de côtés en toute la longueur et hauteur du passage, à partir du dessous de la forme de son pavé, à celui de la forme du pavé du plancher sur tête.

VIII. Les vues d'obligations droites et de

côtés sont fondées par titres ou par partage du père de famille. Elles peuvent joindre immédiatement l'héritage voisin sur lequel ils tirent leurs jours.

On nomme vues de prospect celles qui, par titres, ont un droit d'espace de grande étendue pour leur conserver le jour et l'aspect sur plusieurs héritages ; étendue qui ne peut être diminuée que du consentement de l'ayant droit.

IX. Celui qui a droit, par titre, de prendre ses jours dans toute la longueur de son héritage sur celui du voisin, peut changer, agrandir ses anciens jours, les augmenter de nombre et en prendre pour ses nouvelles constructions, autant qu'il lui plaira, sans que le propriétaire de l'héritage grevé de l'obligation y puisse mettre empêchement.

X. Si par titre un particulier a droit de vue sur l'héritage voisin, et si ce titre n'en limite pas la distance, le propriétaire de cet héritage voisin ne pourra construire sur son terrein qu'à 2 mètres de distance des vues droites, et qu'à 66 centimètres des vues de côté.

XI. Si par acte de partage les portions d'héritage ont des jours sur le tout, ou sur partie de ce tout, les propriétaires de ces portions peuvent prendre telle quantité de baies de vues et de portes qu'ils croiront convenable, s'il n'y a titre contraire.

Il en est de même des ayant droits à une cour ou à une place commune ; mais ni les uns ni les autres ne peuvent faire aucun balcon plus saillant de 3 décimètres, aucunes avances de tuyaux, de cabinets d'aisances, ni autres choses quelconques qui soient en saillie des anciennes constructions, et se permettre de déposer dans cette cour ou place des fumiers, des bois, etc. sans titre et sans le consentement des ayant droits.

XII. Si l'on construit sur une cour, un jardin, une place vague ou un passage communs, il faut avertir par écrits signifiés aux ayant droits à ces objets communs, pour qu'ils se prêtent autant qu'il est possible aux nouvelles constructions, et qu'ils soient à même d'examiner si les constructions qu'on se propose de faire ne blesseroient pas leurs propriétés.

XIII. Si, par titre ou par partage d'une maison, ou plutôt d'un bâtiment, un particulier possède les caves, un autre le rez-de-chaussée, un troisième le premier étage, un quatrième le second, un cinquième le

troisième

troisième étage, et un sixième particulier
les greniers ou pièces sous le comble.

Le premier particulier est tenu d'entretenir et même de reconstruire au besoin les
descentes de caves, les murs, contre-murs,
piliers, dosserets, voûtes, et généralement
tout ce qui dépend de ces caves.

Le second est chargé du pavé sur les
voûtes de cave, du plancher sur tête, à
l'exception du pavé qui le couvre, et des
murs dans la hauteur du rez-de-chaussée,
à compter du niveau de l'extrados des voûtes
jusques sous la forme du pavé de ce plancher sur tête.

Les troisième, quatrième et cinquième
particuliers seront obligés chacun d'entretenir ou de reconstruire leur étage et la
partie de l'escalier qui conduit du sol de
cet étage au sol de l'étage au-dessous.

Enfin, le sixième particulier possédant
les greniers, sera tenu d'entretenir et de
reconstruire au besoin la partie de l'escalier
du troisième étage à ces greniers, le pavé
ou l'aire de ces mêmes greniers, les murs,
pignons de faces et de refends, les combles,
et généralement tout ce qui forme ou dépend desdits greniers, à l'exception des
tuyaux et souches de cheminée, lesquels

B

sont à la charge des particuliers à qui ils sont utiles.

Aucun de ces particuliers ne paie charge de mur ; mais il est tenu aux frais d'étaiement, en raison de la pesanteur et grandeur de sa portion d'héritage, et il ne peut rien faire qui puisse tourner au détriment des co-partageans ; comme d'amodier sa portion à des serruriers, maréchaux, chaudronniers, boulangers, bouchers tuant chez eux, teinturiers, dégraisseurs, blanchisseurs de linge, et à tous gens qui, par état, font du bruit, dégradent ou infectent les maisons, à moins qu'il ne lui soit permis par titres,

XIV. Les ayant droits aux puits, fontaines, ruisseaux, fosses d'aisances, etc. communs, sont tenus de contribuer à leurs réparations ou reconstructions, en raison des habitans qui occupent chaque héritage, et aussi en raison du plus ou moins d'usage qu'ils en font. Il en est de même des curages ou vidanges, des cordes, seaux, poulies, machines, et autres accessoires, quand même les titres fixeroient la quotepart de chacun d'eux, à moins qu'on y ait prévu à toutes les circonstances.

Si l'un de ces ayant droits ou son locataire étoit d'un état à employer beaucoup d'eau, et au point que le puits se trouvât, lors des basses eaux, épuisé, il seroit obligé de se restreindre à n'en user que comme chacun des autres ayant droits, et de se pourvoir, pour le surplus, d'eaux étrangères.

S'il se trouvoit des cabinets d'aisances à tous les étages, et si chacun de ces étages avoit son propriétaire particulier, chaque propriétaire entretiendroit son cabinet, son siége et le tuyau d'aisance en la hauteur de son étage ; le tuyau de ventouse seroit à la charge du propriétaire du dernier étage : les réparations ou reconstructions du tuyau d'aisance au-dessous du siége du cabinet au rez-de-chaussée à la fosse seroit à la charge de tous les y ayant droits.

XV. Si une fosse d'aisances commune peut se vider par un lieu commun à tous les ayant droits, la vidange doit se faire par ce lieu, et à défaut, elle se fera alternativement par chacun des héritages s'il est possible ; et celui qui se trouve grevé du passage de cette vidange, paie sa quote-part des dépenses, moins la moitié de la quote-part moyenne, laquelle moitié est réversible proportionnellement sur les autres quote-parts.

XVI. Lorsqu'une fosse d'aisances est à

l'usage d'un seul héritage , le propriétaire
doit, lors de la vidange , en faire passer
les matières par son héritage, quand même
ladite fosse seroit par obligation sous l'héritage voisin , à moins qu'il ne fût autrement stipulé par titre.

CHAPITRE IV.

*Des obligations par faits de changemens
et de constructions.*

ARTICLE I.er

Il faut signifier avant que de démolir ,
percer ou rétablir un mur mitoyen , ou
lorsqu'on veut construire ou reconstruire
sur son héritage et près des héritages voisins, pour que les propriétaires de ces derniers héritages soient à même de faire faire
à propos les étaiemens nécessaires à leurs
édifices ; lesquels étaiemens seroient à la
charge de ces propriétaires, si les constructions ou reconstructions étoient reconnues
indispensables , et même ne fussent-elles
qu'utiles : mais si elles sont amenées par
changemens, par surélévation , ou pour
l'agrément, lesdits étaiemens et les indemnités accessoires seroient à la charge du
propriétaire qui fait construire , parce qu'on

ne doit rien faire de désavantageux à son héritage, qui puisse porter préjudice aux héritages voisins, et constituer leurs propriétaires en dépenses.

II. Si un mur mitoyen menaçoit ruine prochaine, l'un des voisins pourroit sur-le-champ étayer sa maison ou autres objets y appuyés, et forcer l'autre voisin d'en faire autant, et la dépense de la reconstruction de ce mur seroit commune entre les y ayant droit, et dans la proportion de l'étendue de leurs héberges respectifs.

III. Le propriétaire d'un héritage, qui auroit fait construire à ses frais un mur assis, moitié de son épaisseur sur son héritage, et moitié sur celui de son voisin, ne peut se dispenser de vendre à ce voisin la mitoyenneté de ce mur, lorsque celui-ci le requiert; sauf par lui de payer la moitié de la valeur de ce même mur, en raison de son état présent, et tous les frais faits et à faire pour parvenir à son acquisition.

Il en seroit de même dans les quartiers de médiocre population, et plus particulièrement dans les quartiers au-dessus de cette médiocre population, si le mur étoit assis entièrement sur le terrein de celui qui l'auroit fait construire, et joignant la ligne séparative ; et encore quand il seroit à la distance de 4 décimètres de cette ligne, à la charge par ledit voisin de payer en outre le terrain, à moins que le propriétaire de ce mur déclare qu'il entend, en moins de trois ans, mettre à profit l'espace de terrein par lui laissé, et qu'il est prêt à payer la mitoyenneté du mur à construire par le voisin sur la ligne séparative, jusqu'à la hauteur ordinaire de clôture.

Ce que l'on vient de dire ne peut avoir lieu que de gré à gré dans les quartiers de foible population.

IV. Si un propriétaire avoit observé, lors de ses constructions, une distance d'un mètre à la ligne séparative, le voisin ne pourroit le forcer de lui vendre le terrein de cette distance, mais bien la mitoyenneté du mur de clôture qu'il auroit pu avoir construit sur cette ligne séparative, ou la joignant ; et, dans ce dernier cas, il acquerroit aussi la moitié du terrein sur lequel ce mur seroit assis.

V. Si un propriétaire voisin n'avoit pas contribué à la construction de la clôture assise dessus, ou joignant la ligne séparative, ou qu'il eût renoncé par écrit à sa mitoyenneté, après en avoir réparé les dégradations occasionnées par la démolition de ses constructions , il ne pourra asseoir dessus ou appuyer contre aucune chose ; mais il lui sera, dans tous les temps, loisible de se réintégrer dans cette mitoyenneté , ou de l'acquérir en payant la valeur de la moitié de la clôture , selon son état, de plus ou moins de vétusté et de qualité, et encore la moitié du terrein, si cette clôture est entièrement assise sur l'héritage de l'autre propriétaire voisin.

Ainsi, il n'est pas loisible à un propriétaire d'asseoir ou d'appuyer chose quelconque, dans ou contre le mur d'entre lui et son voisin , si ce mur appartient à ce voisin, quand même il seroit assis sur terrein mitoyen : il doit avant ce en acquérir la mitoyenneté , et quand elle est acquise, on n'y doit rien infixer qui ne soit autorisé, et n'y rien appuyer contre, qui puisse en accélérer la ruine.

VI. Si un mur mitoyen est bon pour l'usage présent, et si l'un des co-propriétaires ne le trouve pas suffisant pour porter le bâtiment qu'il se propose de faire, il lui est loisible de le démolir et de le reconstruire à ses frais, et ce faisant, il ne paiera aucunes charges de mur ; mais s'il se sert

de ce mur mitoyen , il doit payer à l'autre
cô-propriétaire les charges en proportion
de la hauteur de ce même mur, ainsi qu'il
suit ; savoir :

Un mètre quarré de maçonnerie de mur
par chaque 26 mètres quarrés de maçonnerie en surélévation, et assise sur la fondation mitoyenne ;

Un mètre quarré par chaque 25 mètres
quarrés de surélévation , le mur mitoyen
sur lequel on construit ayant un mètre de
hauteur ;

Un mètre quarré par chaque 24 mètres
quarrés de surélévation , le mur mitoyen
ayant 2 mètres de hauteur ;

Un mètre quarré par chaque 23 mètres
quarrés de surélévation , le mur mitoyen
ayant 3 mètres de hauteur.

Ainsi de suite ; de sorte que la valeur de
la charge seroit d'un mètre quarré par chaque 2 mètres quarrés de maçonnerie faite
en surélévation, le mur mitoyen ayant 24
mètres de hauteur.

Les charges pour surélévations de murs
mitoyens doivent se payer non-seulement
dans ladite proportion, mais encore suivant
le prix d'un mur construit en bonne maçonnerie à l'usage ordinaire du canton , et

eu égard à son épaisseur, et non comme si cette maçonnerie étoit en pierres de taille ou en platras, qui sont les deux maçonneries les plus opposées par leur différence de solidité et de valeur : ainsi l'on ne doit pas avoir égard aux prix des jambes et chaînes en pierres de taille qui pourroient se trouver dans la surélévation, lesquelles doivent être prises, dans ce cas, comme maçonnerie ordinaire.

VI. Lorsque le mur mitoyen qu'on surélève n'appartient pas également aux deux voisins, et que l'un des deux a plus contribué que l'autre à sa construction, les charges doivent être en raison de la cotisation de celui qui les reçoit ; de sorte que s'il n'avoit contribué que pour un quart, il ne recevroit que moitié des charges, tandis qu'il recevroit une fois et demie ces charges, s'il a payé les trois quarts de ce mur mitoyen.

VII. Si celui qui a élevé au-dessus du mur mitoyen avoit payé les charges, et qu'ensuite il surélevât de nouveau sa première surélévation, l'ancien mur mitoyen pouvant encore supporter cette seconde surélévation, il ne paieroit les charges pour celle-ci que dans la proportion de la première.

VIII. Si un des co-propriétaires, par égale portion d'un mur mitoyen, avoit reçu du voisin le prix des charges pour cause de surélévation de ce mur, et qu'il desirât par la suite de se servir de cette surélévation; dans ce cas, il seroit tenu de rendre du prix de ces charges, en raison de la partie de surélévation qu'occuperoit son nouvel héberge, et d'entrer dans la moitié de la valeur de cette partie, eu égard au temps présent; et si chacun des deux co-propriétaires n'étoit pas pour égale portion dans le mur mitoyen, on y auroit égard.

IX. Si un mur reconnu suffisant pour les anciennes constructions ne l'étoit pas pour supporter une surélévation, celui qui desireroit surélever devroit le reconstruire, et même le fortifier d'épaisseur au besoin, au-delà de celle ordinaire de 5 décimètres, et il doit prendre la plus forte épaisseur de son côté; mais si ce mur à reconstruire n'avoit pas l'épaisseur de 5 décimètres, on prendroit le plus d'épaisseur à donner en parachèvement, moitié sur l'un des héritages, et moitié sur l'autre; et le voisin qui ne feroit pas la surélévation paieroit seulement la moitié du plus d'épaisseur de ce parachèvement.

Celui qui surélève ou construit un mur mitoyen, doit le faire assez solide pour que le voisin puisse un jour profiter de la surélévation, s'il le croit convenable, autrement il seroit dans le cas de le reconstruire par moitié, et il ne lui seroit rien payé pour l'ancienne construction.

X. Dans les cantons où les moellons et la brique sont communs, et même un peu rares, il n'est pas loisible d'établir un pan de bois sur un mur mitoyen, quand même on offriroit de payer les charges, parce qu'on faciliteroit la communication du feu de l'un des héritages à l'autre.

Celui qui a causé un incendie par sa négligence ou par un accident de son état, est obligé à tous les dédommagemens de ce qui a été détruit par cet incendie, et à faire rétablir les édifices de la même qualité et forme qu'ils étoient avant d'être incendiés, et dans le cas seulement où ces édifices seroient séparés par des murs, et que leurs couvertures seroient en tuiles ou en ardoises ; mais si les séparations des maisons n'étoient qu'en pans de bois et leurs couvertures en matières combustibles, il ne seroit obligé qu'aux dommages et intérêts de la maison incendiée qu'il habitoit.

Si l'incendie est occasionné par le feu du ciel ou par accident public, dans ce cas, chaque propriétaire et locataire est tenu, sans recours, de souffrir sa perte.

XI. Si les moellons ou les briques employés aux constructions sont peu résistibles aux fardeaux, on doit établir dans le mur et sur le solide des jambes ou chaînes en pierres dures et résistibles aux charges.

Dans le cas où les jambes ou chaînes seroient reconnues suffisantes pour supporter les anciens fardeaux, et non plus, celui qui desireroit les augmenter, doit faire construire à ses frais, jusques sur le bon sol, de nouvelles jambes ou chaînes, et payer les dommages accessoires, sauf à se faire rembourser la moitié de leur valeur présente, lorsque le voisin voudra s'en servir.

XII. En mur mitoyen, il n'est pas loisible à un voisin de le trouer pour y loger tous les abouts ou portées des solives de ses planchers : ce mur ne doit porter que les solives d'enchevêtrures.

On doit éviter, autant qu'il est possible, de poser dans les murs mitoyens des corbeaux en pierre ou en fer sous les pièces de bois qui portent charges, parce que ces corbeaux formant leviers, accélèrent la ruine de ces murs.

XIII. Les portées ou abouts des poutres, poutrelles, solives d'enchevêtrures, pannes, etc. ne peuvent être assises sans l'agrément des voisins, au-delà de la moitié de l'épaisseur des murs mitoyens. Pour les y loger, on peut percer entièrement ces murs en réparant les dégradations.

XIV. Il n'est pas permis, particulièrement après coup, de faire des tranchées dans les murs mitoyens pour y loger des pièces de bois, et on doit tolérer celles faites pour y incruster les chaînes, tirans et harpons de fer, pourvu que ces tranchées n'aient de profondeur que l'épaisseur seulement de ces objets en fer. Le scellement de leurs crochets peut être des trois quarts et demi, si rien ne s'y oppose, de l'épaisseur de ces murs.

On ne doit pas faire des tranchées dans les murs mitoyens pour liaisonner des murs y aboutissant : mais il est permis, pour les lier, de faire de distance en distance des arrachemens convenables.

XV. Les dossiers, languettes et souches de cheminées doivent les charges sur murs mitoyens, en raison de leurs superficies et épaisseurs.

Il n'est pas permis dans les quartiers de forte population, de placer les tuyaux de cheminées dans les murs mitoyens, ou qui peuvent le devenir, à moins que les co-propriétaires en soient d'accord, ou qu'il y ait titre d'autorisation.

Mais dans les quartiers des villes, faubourgs et bourgs peu peuplés, et où les maisons n'ont que deux étages, il est loisible, lors de la construction d'un mur mitoyen, d'y pratiquer de côté et d'autre en portions égales des renfoncemens de tuyaux de cheminées ou autres renfoncemens jusqu'au tiers de l'épaisseur de ce mur ; pourvu que sa solidité n'en soit pas trop altérée, et qu'il n'y ait titre contraire.

On ne doit point adosser de cheminées à un mur assis sur ou joignant la ligne séparative des héritages et appartenant au voisin, sans acquérir la mitoyenneté des parties de ce mur, contre lesquelles ces cheminées et leurs tuyaux seront adossés.

XVI. L'intérieur de chaque tuyau de cheminée doit être au moins de 26 à 6o centimètres d'ouverture, et les souches de ces cheminées doivent avoir leurs couronne-

mens terminés à un mètre de hauteur au-
dessus des faîtes des plus hauts combles
voisins. Il en est de même des tuyaux des
fours et forges.

Si les souches de cheminées de logemens
ordinaires sont établies dans les parties
inférieures des combles, en ce cas leurs
couronnemens peuvent être moins élevés
que les faîtes, et n'avoir que 4 mètres de
hauteur moyenne au-dessus des pans inclinés
des combles, parce que si, d'une part, on
craint le feu, on doit craindre, d'autre
part, la chûte fréquente desdites souches,
qui seroit occasionnée par leur grande élévation.

Celui qui surélève, pour son utilité par-
ticulière, un mur mitoyen, doit surélever
à ses frais tous les tuyaux quelconques qui
s'y trouvent adossés ou y pratiqués, sauf
réclamation de ces frais, eu égard au temps
actuel, si le voisin surélève à son tour son
bâtiment.

XVII. Il n'est point permis d'établir les
poutres, poutrelles et tous autres bois plus
près de 16 centimètres de l'intérieur des
tuyaux de cheminées.

On ne doit pas faire des âtres et contre-
cœurs de cheminées, joignant un mur mi-

toyen, ou pouvant le devenir, sans mettre des plaques en fer fondu de grandeurs suffisantes à ces contre-cœurs, ou d'y faire des contre-murs pour que l'action du feu ne puisse porter le moindre préjudice à ce mur. Ces contre-murs ont ordinairement 16 centimètres d'épaisseur dans leur partie inférieure.

Si un plancher étoit continué sous l'âtre d'une cheminée, on doit, pour les cheminées ordinaires, établir sur ce plancher et dans la partie sous l'âtre, une maçonnerie en briques de 11 centimètres au moins d'épaisseur, y compris son pavé à grands carreaux de terre cuite, et poser à 6 centimètres au-dessus une plaque en fer fondu qui contiendroit toutes les longueur et largeur intérieures du chambranle de cheminée; ce qui formeroit un âtre relevé, et l'on perceroit de plusieurs trous la barre en fer du devant de la surélévation.

XVIII. Si on adosse un fourneau potager à un mur mitoyen, il faut refortifier son enduit de 3 centimètres d'épaisseur; mais s'il est adossé à un pan de bois, il faut au-dessus de ce fourneau élever un contre-mur de 13 centimètres d'épaisseur et de 70 centimètres de hauteur. Il suffira, dans

ce

ce dernier cas, de 6 centimètres d'épaisseur d'enduit pour le contre-cœur du cendrier : mêmes précautions pour les paillasses.

XIX. On doit observer un intervalle de 16 centimètres au moins entre les murs mitoyens et les maçonneries des fours et fourneaux de pâtissiers, boulangers, teinturiers et autres qui font journellement du feu, et même pour ceux pratiqués dans les maisons des particuliers. Cet intervalle, dit tour-du-chat, doit être dans toutes les largeur et hauteur des maçonneries, à compter de 3 décimètres au-dessous du niveau de l'âtre. L'extrados de la voûte doit être carrelé en grands carreaux de terre cuite. L'espace entre le carrelage et le plancher sur tête sera au moins de 4 décimètres de hauteur.

Les murs de ces fours et fourneaux doivent avoir au moins 3 décimètres d'épaisseur dans les parties les moins épaisses.

XX. Aux fours de potiers de terres et autres grands fours et fourneaux dont le feu très-ardent continue plusieurs jours de suite, il est indispensable d'établir les faces extérieures de leurs maçonneries au moins à 33 centimètres de celles intérieures des murs mitoyens, et leurs tuyaux de cheminées seront isolés de même de ces murs jusqu'à

C

la hauteur où la grande chaleur du feu peut monter.

Les forges des maréchaux, serruriers, taillandiers et autres ayant leurs feux près des murs mitoyens, doivent avoir chacune un contre-cœur de 33 centimètres au moins d'épaisseur, et distant des murs mitoyens de 16 centimètres.

XXI. Aux étables, écuries, bergeries, tecs-à-porcs, magasins salins, trempis, dépôts de fumiers et autres endroits sujets à être détériorés par l'état que l'on y exerce, on doit faire, joignant les murs mitoyens ou propres aux voisins, des contre-murs de hauteur, épaisseur et de qualités suffi-santes pour que ces murs puissent être ga-rantis de la prompte pourriture qui seroit occasionnée par le mauvais voisinage.

Ces contre-murs en bons matériaux ont chacun ordinairement 33 centimètres d'é-paisseur : ils ne sont pas liés avec les murs voisins.

XXII. Les pierres à laver que l'on adosse contre les murs mitoyens ou propres au voisin, doivent avoir des rebords élevés pour empêcher les eaux de les dégrader, on doit même faire des contre-murs au besoin.

XXIII. Celui qui a un droit de passage à voiture, joignant des murs mitoyens ou appartenant aux voisins, doit mettre des bornes au-devant des faces de ces murs pour empêcher que les roues et essieux de ses voitures les dégradent; mais, si ce passage étoit public, il seroit de l'intérêt des propriétaires de ces murs de faire poser des bornes à leurs propres dépens, et faute de les avoir posés, ils ne seroient pas en droit de rechercher ceux qui dégraderoient leurs murs.

XXIV. Celui qui établit joignant un mur mitoyen, une remise, un hangar à voiture ou charreterie, doit mettre des barrières de charpente ou des banquettes en pierre pour le garantir du choc des voitures.

XXV. Celui qui a place, jardin ou autre lieu vide, joignant immédiatement les murs mitoyens ou d'autrui, assis sur ou contre les lignes séparatives des héritages, et qui veut faire labourer et fumer à l'ordinaire, est dispensé de faire contre-murs, pourvu que le labourage près ces murs se fasse à la pioche ou à la bêche de manière à ne pas les détériorer, et qu'on n'y forme pas des couches à melons ou autres qui exigent

beaucoup de fumier et souvent une surélévation du sol.

Si le propriétaire du mur avoit laissé
entre la face extérieure de ce mur et la
ligne séparative, un espace de terrein, le
voisin ne pourroit labourer cet espace que
du consentement de ce propriétaire.

XXVI. Si, près la ligne séparative des
héritages, on abaisse le sol de son terrein,
ou si l'on y rapporte des terres, on doit
faire des murs ou contre-murs assez so-
lides pour résister aux pressions produites
par les changemens.

XXVII. Celui qui fait un puits ou une
fosse d'aisances, ou tout autre ouvrage sou-
terrein, joignant le mur mitoyen ou celui
du voisin, doit faire des contre-murs et
autres ouvrages suffisans pour garantir ce
mur de toutes accélérations de ruine, en
augmenter la profondeur de sa fondation,
s'il est nécessaire, et tenir compte au voisin de tous dommages et intérêts qui seroient occasionnés par la construction, à
l'exception cependant des étaiemens que
ce voisin seroit obligé de faire pour sou-
tenir les constructions qu'il auroit pu avoir
faites sur son héritage et joignant ledit mur.

XXVIII. Celui qui fait un puits contre

le mur mitoyen ou contre le mur du voisin, doit le faire assez profond pour qu'il
s'y trouve au moins 67 centimètres de profondeur d'eau dans les temps des plus
grandes sécheresses, donner au mur du
puits au moins 33 centimètres d'épaisseur
dans la partie de la fondation du mur mitoyen ou au voisin, et y employer les
meilleurs matériaux du canton.

Si les filtrations d'une fosse antérieurement construite à un puits se rendoient
dans ce puits, le propriétaire de cette fosse
n'est pas toujours tenu d'en faire cesser les
filtrations, parce qu'elles pourroient être
occasionnées par un tassement qui proviendroit de la fouille de ce puits : dans
ce cas, ce propriétaire doit faire enlever
les matières de la fosse, pour que celui du
puits puisse réparer le tassement; mais si
cette même fosse étoit reconnue être de
mauvaise construction, elle seroit refaite
au compte de son propriétaire.

Si, par la suite, un propriétaire faisoit
construire un puits sur son terrein, près
la partie du mur mitoyen ou propre, contre
laquelle le voisin auroit adossé le sien, il
seroit tenu de rembourser à ce voisin la
moitié du plus de profondeur que celui-ci

auroit pu avoir donnée à la fondation de ce mur, en raison du prix du temps et du plus ou moins de vétusté, et de lui rendre les dédommagemens qu'il pourroit avoir perçus, occasionnés par ce plus de profondeur.

XXIX. Celui qui construit une fosse d'aisances doit la construire de manière à ce que les maçonneries soient d'une qualité, d'une solidité, d'une précision et d'une épaisseur suffisante ; car, à vrai dire, il n'y a pas d'épaisseur à prescrire pour cette espèce d'ouvrage ; il suffit qu'il ne s'y forme aucune filtration qui puisse porter préjudice aux héritages voisins. Il en est de même des tuyaux ou chausses d'aisances.

XXX. Celui qui, joignant un mur mitoyen ou son mur propre, pouvant devenir mitoyen, construit une voûte de quelque grandeur et forme qu'elle soit, doit faire contre-mur suffisamment épais et solide pour résister, conjointement avec la moitié de l'épaisseur dudit mur, à la poussée de cette voûte.

XXXI. On ne doit pas établir, même d'après titres, des ruisseaux, canaux, aqueducs, etc. joignant les murs mitoyens ou à autrui, pour écouler les eaux pluviales

et ménagères de son héritage, sans les pa-
ver, et faire des contre-murs et autres
ouvrages qui puissent les empêcher de porter, soit par leurs filtrations, soit par leurs
fétidités, le moindre préjudice, tant à cet
héritage qu'à ceux des voisins.

XXXII. Si l'on construit un fossé pour
recevoir les eaux pluviales de l'un des héritages, et si ces eaux s'y dessèchent sans
s'infecter, ce fossé doit être suffisamment
éloigné des lignes séparatives, pour que
les eaux qui s'y rendent ne puissent, par
leurs filtrations, porter aucun préjudice
aux constructions des héritages voisins ;
mais si le fossé recevoit des eaux infectes
ou qui le devinssent, il ne pourroit être
construit.

XXXIII. Celui qui se trouve dans la né-
cessité indispensable de faire un puisard
pour recevoir les eaux de son héritage, doit
le construire comme une fosse de privé,
dite d'aisances, s'il est nécessaire, et l'éloi-
gner, autant qu'il est possible, des puits,
des caves et des bâtimens sur-tout logeables.

XXXIV. Les cloaques où l'on fait pourrir
les fumiers et rouir le chanvre, rendant
une odeur fétide, doivent être éloignés le
plus possible des habitations.

On ne doit pas construire des mares, des étangs, etc. dont les eaux rendent aussi une odeur fétide, particulièrement en temps de chaleur, quand même ils seroient indispensables pour désaltérer et laver le bétail d'une commune, à moins qu'ils soient suffisamment éloignés de toutes habitations et de grands chemins.

XXXV. Les arbres en espaliers peuvent être plantés à compter du milieu de la tige ou tronc, 1.º à 15 centimètres de la fondation d'un mur mitoyen ; 2.º à 33 centimètres de la fondation d'un mur appartenant en propre au voisin et assis sur terrein mitoyen ; 3.º enfin, à 5 décimètres de mur non mitoyen et assis sur le terrein du voisin, et joignant la ligne séparative, à la charge, dans les deux derniers cas, d'en attacher les branches à des chassis en bois ou en fer non liés aux murs non mitoyens, et, dans tous les cas, de réparer les dégradations que ces arbres occasionneroient.

Les arbres fruitiers plantés dans une haie vive mitoyenne, sont aussi mitoyens, et les co-propriétaires doivent partager également entr'eux les fruits, et, dans ce cas, aucun de ces co-propriétaires n'a le droit de couper les racines qui s'étendroient sur son héritage, à moins qu'on en soit convenu.

Si un tronc d'arbre fruitier à plein vent est situé sur l'un des héritages, et à peu de distance de la ligne séparative, cet arbre appartient au propriétaire de l'héritage sur lequel il est planté, et le voisin peut exiger de lui de l'enlever, et s'il ne l'exige pas, il peut en cueillir les fruits des branches qui s'étendent sur son héritage depuis l'à-plomb de la ligne séparative.

Les arbres fruitiers en plein vent, à basses et hautes tiges, autres que les cerisiers, noyers, oliviers, figuiers, dont leurs ombres rendent les terreins qui les avoisinent non propres à la culture, et les arbres non fruitiers et d'agrémens comme ormes, tilleuls, maronniers, etc. peuvent être plantés ; savoir :

1.º Les arbres fruitiers à basses tiges, à 15 décimètres de distance de la ligne séparative des héritages.

2.º Ceux à hautes tiges peuvent être plantés à 3 mètres de distance de cette ligne.

3.º Enfin, les arbres portés en exception ne doivent pas être plantés plus près de 5 mètres de ladite ligne, et encore à la charge de les étêter, de les élaguer et d'en couper les racines qui pourroient nuire, par leur étendue, à l'héritage voisin, et à la charge aussi que les tranchées à faire pour couper ces racines, seroient faites sur l'héritage des propriétaires des arbres.

On observe que les arbres plantés le long des grands chemins pour l'agrément public, ne sont pas tenus à aucune obligation; il suffit de laisser aux propriétaires des terreins sur lesquels ils sont situés, les neuf dixièmes des arbres que l'on est dans le cas de remplacer.

SECONDE PARTIE.

Des locations et réparations, de la gagerie pour loyers, et de la distinction des biens meubles ou immeubles.

CHAPITRE PREMIER.

Des locations et réparations locatives et menues usufruitières.

Outre ces deux espèces de réparations, il s'en trouve deux autres, celles usufruitières et celles du gardien et du possesseur par bail emphytéotique, qui formeront le sujet du chapitre suivant.

ARTICLE I.er

SI un propriétaire fait bail à un locataire, il le substitue en son lieu et place pour le temps convenu. Il ne peut l'expulser avant la fin du bail pour l'occuper par lui-même, à moins qu'il en soit autrement stipulé dans l'acte, ou que ce locataire se soit donné, dans cet acte, pour être d'un état, et qu'il en fît un autre qui fût plus nuisible à la chose donnée à bail. Le locataire peut être expulsé, s'il y a dégradations notables de sa part, s'il y a abandon de culture pendant un an, ou défaut de paiement de deux termes échus.

II. Si une maison menace ruine prochaine, le propriétaire, pour la rétablir ou non, peut faire déloger les locataires dans un court délai, et même sur-le-champ, si le mauvais état de la maison l'exige, à la charge, par ce propriétaire, de leur payer les dommages et intérêts qui seroient liquidés par le juge en cas de contestation, à moins qu'il en soit autrement stipulé par le bail.

Si par l'une des clauses du bail, il est dit que le locataire souffrira les menues et grosses réparations qu'il seroit indispensable de faire pendant le courant de ce bail, lesquelles pourroient être faites dans l'espace de trente jours au plus ; dans ce cas, il ne seroit point dû de dommages et intérêts à ce locataire qui ne paieroit point le loyer de la pièce pendant le temps qu'on y travailleroit.

Quand les réparations que l'on fait dans une maison ne permettent pas aux locataires d'y pouvoir demeurer sans courir de dangers, il peut, malgré ladite clause, sortir sans indemnité contre le desir du propriétaire, et dans cette supposition, il doit se faire autoriser par le juge ; et si ledit locataire n'est pas dans le cas de sortir, il pourra exiger de ce propriétaire une indemnité en raison du plus de temps d'un mois qu'on auroit mis à faire lesdites réparations, et en raison du préjudice que ce plus de temps lui auroit porté.

III. Les réparations locatives sont celles que les locataires sont tenus de faire pendant le temps qu'ils occupent les lieux, pour, après leurs baux, les laisser, autant qu'il est possible, en non moindre état qu'ils les ont pris.

Ces réparations sont celles suivantes, lorsqu'elles ne sont pas amenées par cause de vétusté ou de mauvaise construction : car les locataires, à vrai dire, ne sont chargés que de réparer les dégradations qui proviennent de leurs faits.

Les réparations des dégradations des âtres, foyers, contre-cœurs, chambranles et manteaux de cheminées, et les ramonages de ces cheminées sont à la charge des locataires, ainsi que l'entretien du carrelage des fourneaux potagers et des paillasses ;

des aires de fours , soit en terre , soit en carreaux ; des pelles , fourgons et autres ustensiles de ces fours.

Ces locataires sont tenus aux remplacemens des réchauds et des grilles de ces fourneaux potagers ; des pierres à laver la vaisselle ; des petites grilles au-dessus des tuyaux de plomb de ces pierres ; et de tout ce qui est dégradé par violence , ou par la trop grande action du feu.

Ils sont chargés des réparations , des carrelages , pavés en pierre ou en marbre, et des parquets des planchers par eux dégradés et non provenant d'usure ou de vétusté , et ils ne sont pas tenus à l'entretien des aires en terre , en plâtre ou à mortier; des pavés des escaliers communs à plusieurs locataires , des cours , remises , cuisines , offices et des autres lieux exposés , soit aux charges , soit aux intempéries des saisons, et soit au lavage d'eau et de tout ce qui provient de l'usage naturel.

Les buffets , tablettes, coquilles, cuvettes, tringles de fer, poulies, croissans de rideaux et toutes les ferrures des portes , des croisées , des armoires , des placards , etc. écornés ou cassés par violence , ou enlevés , sont à la charge des locataires.

Il en est de même des balcons, appuis, grillages en fil de fer, devant de mangeoires rongés par les chevaux, des rateliers, des piliers et barres séparant ces chevaux aussi dégradés par violence ou enlevés.

Le nettoyage des vitres, lorsqu'on les a reçues nettoyées, les remplacemens de celles cassées, fêlées, ayant plomb ou boudines, des verges en fer qui retiennent les panneaux en verres, en plombs, et de ces plombs, sont à la charge des locataires, lorsque leurs dégradations proviennent de leurs faits.

Les croisées, volets et contre-vents, les portes, chambranles et embrasemens, et toutes autres menuiseries sont, ainsi que leurs ferrures, à la charge des locataires, lorsqu'ils sont enlevés ou cassés par négligence ou par violence.

Les trous faits dans une porte par le locataire, pour chatière, ou pour placer une seconde serrure, sont à réparer par ce locataire qui doit remplacer les parties de menuiserie qu'il auroit fait percer.

Les devants de manteaux de cheminées, les dessus de portes, les tableaux et glaces avec leurs bordures et autres ornemens sont entretenus par les locataires : mais si les tableaux étoient tellement endommagés, qu'ils ne pussent être raccommodés, ils les paieroient aux propriétaires d'après estimation faite, et si les glaces viennent à être cassées, ces locataires sont tenus de les remplacer de mêmes forme et qualité.

Les poulies des puits et greniers, leurs chappes, les mains de fer, les cordes ou chaînes en fer, les pistons, tringles et balanciers de pompes, lorsqu'ils sont entre les mains d'un seul locataire, sont entretenus par lui ; mais si ces objets sont communs à plusieurs, ils sont à la charge du propriétaire, s'il n'y a titre contraire.

Les jardins à loyers doivent être entretenus par les locataires, pour les rendre au moins en même état qu'ils les ont reçus ; les treillages et portiques de ces jardins ne sont à l'entretien des locataires que pour ce qui est cassé ou dégradé par eux. Il en est de même des conduites de fer, de plomb, de grès, de bois fournissant de l'eau à des jets, bassins, cuisines, etc. lorsqu'ils sont dégradés pour n'en avoir pas ôté les eaux en temps de gelée.

Les bancs de pierre et de bois, les vases de faïence, de pierre ou de marbre et de fonte, les caisses de bois, les figures de marbre et de toutes autres matières placés

dans

dans les jardins par les propriétaires, ne sont point à la charge des locataires, à moins qu'ils ne soient reconnus dégradés par ceux-ci.

Les locataires ne peuvent enlever ce qu'ils auroient fait poser pour perpétuelle demeure, comme papiers collés sur murs, ou autres objets équivalent, attachés ou non à fer et à clous.

Si les plombs, fers et autres objets d'une maison sont volés, c'est aux locataires qui jouissent des lieux où les objets ont été volés, à les rétablir.

Si un locataire craint la fracture ou la dégradation des tableaux, glaces, figures et autres objets qui peuvent s'enlever sans dégrader la maison, il peut, avant que d'entrer en jouissance de son bail, les faire enlever par le propriétaire.

Dans toutes amodiations, il est prudent d'avoir un état double des objets remis à la disposition des locataires, pour éviter, lors de la remise de ces objets, toutes contestations.

Tous les objets reconnus dégradés naturellement, soit par l'usage, soit par vétusté, soit par mauvaise qualité, sont à la charge, on le répète, des propriétaires. Le locataire répond de l'incendie, à moins qu'il ne prouve qu'il est arrivé par cas fortuit, ou que le feu n'a pas commencé par chez lui.

IV. On nomme réparations menues usufruitières, celles qui sont plus fortes que les réparations locatives, et moins fortes que les réparations usufruitières, ainsi que sont celles à la charge des meûniers, papetiers et autres fermiers.

V. Les fermiers des moulins, tant sur terre que sur bateaux, sont non-seulement tenus aux réparations locatives, mais encore chargés de l'entretien des palis, vannages, vannes, coursiers, tambours tournant et travaillant, meubles, cables, harnois et ustensiles.

Les tournans et travaillans comprennent les arbres gissans et debout, roues, rouets, vollées, lanternes, pots de fer, nilles, meules gissantes et courantes, tremions, tremies, baillé-bleds, huches, les grands bâtis de charpente qui servent à hausser ou baisser les roues des moulins sur les grandes rivières, et les toiles, arbres tournans, marbres, freins, paliers, crocs, pieux, queues, cabestans des moulins à vent, le tout garni ; de sorte que ce qui fait partie des usines proprement dites, est à l'entretien des fermiers.

Les ustensiles, meubles et harnois sont les cables à lever les meules et à reprendre l'hérisson, verrins, pinces, treuils, vintaines, blutoirs, escaliers, corbeils à engrener, cribles, bannes de treillis, marteaux, masses, ciseaux, petites échelles, etc.

Avant qu'un fermier entre en jouissance, on fait un état de toutes choses, et à la fin du bail, on en fait un autre pour que le propriétaire tienne compte, s'il est convenable, de l'amélioration, au fermier sortant, ou que le fermier le dédommage, si dégradations ont lieu.

Indépendamment des entretiens dont on vient de parler, les locataires ou fermiers des moulins peuvent encore être chargés, si le bail en fait mention, des bouchis dans les chaussées des biefs, du coupement des herbes, des gravouillemens et enlèvemens des attéries qui se forment dans les biefs et sous-biefs.

Si les moulins sur bateaux sont endommagés ou submergés par les grandes eaux, glaces, rupture des cables, chocs de bateaux ou d'autres corps, c'est aux fermiers à remettre ces moulins au même état où ils se trouvoient lors de leur entrée en jouissance de leurs baux.

Si un moulin à vent vient à périr par un vent impétueux, faute par le fermier de l'avoir tourné à temps, ce fermier en est responsable.

VI. Le fermier d'un pressoir à vin ou à cidre est tenu, non-seulement aux réparations locatives, mais encore à l'entretien des couperets, sébilles et légers ustensiles. Les autres entretiens dépendent des clauses du bail.

VII. Le fermier de terres labourables est chargé des réparations locatives des bâtimens par lui occupés, de rendre les terres en bon état d'entretien, et de laisser les pailles, fouarres et fumiers en même quantité et qualité qu'il en a trouvés lors de l'entrée en jouissance du bail.

VIII. Le fermier de vignes doit les rendre en non moindre état qu'il les a reçues, y laisser les échalats, charniers, les fosses et fossés, suivant l'usage du canton; entretenir les haies en bon état; faire dans le courant de son bail suffisamment de provins; remonter au haut des vignes les terres qui se

seroient rendues dans le bas , et ne pas en-
graisser ces vignes avec du fumier , et y
planter des asperges , des haricots , des
fèves , etc. à moins que cette faculté ne lui
fût accordée dans le bail.

IX. Il n'a aucun entretien locatif à faire
aux étangs et aux prés , à moins qu'il n'y
ait clauses particulières dans le bail ; cependant aux prés , on doit rendre les haies
et fossés en bon état , et détruire les tau-
pinières.

X. Il n'y a d'entretien aux bois taillis
et de futaies que les fossés , si le fermier
en est tenu par son bail ; mais il doit se
conformer aux loix concernant les forêts.

XI. Indépendamment des entretiens locatifs , les fermiers des fourneaux à chaux ,
à plâtre , à tuiles et briques , à poterie ,
et d'autres fourneaux équivalent , sont obligés d'entretenir ou de reconstruire au besoin
ces mêmes fourneaux et leurs ustensiles ;
mais les fermiers des fourneaux et forges
pour la fabrique des fontes et fers , sont
tenus en outre à toutes les réparations auxquelles sont sujets les fermiers des moulins.

D 3

CHAPITRE II.

*Des réparations usufruitières du posses-
seur par bail emphytéotique et du gardien.*

ARTICLE I.er

L'USUFRUIT peut être établi par convention, par acte de partage et par disposition
de dernière volonté.

Les réparations à la charge de la douairière, du donataire mutuel, du donataire
usufruitier et de l'usufruitier par bail à vie,
sont dites réparations usufruitières.

Elles consistent non-seulement dans les
réparations locatives et menues usufruitières, mais encore dans l'entretien ou reconstruction de tous les objets autres que
ceux réputés grosses réparations, et encore
les usufruitiers sont tenus de payer les
charges réelles auxquelles les héritages sont
soumis, comme contributions, cens, rentes
foncières, et autres semblables redevances,
et même de faire celles de ces grosses réparations qui n'excéderoient pas le tiers de
la dépense à laquelle monteroit la reconstruction de l'objet entier que l'on répare.

Ainsi l'usufruitier est tenu à la réparation et au remplacement de toutes les me-

nuiseries, serrureries, couvertures, vi-
trages, carrelages et pavemens.

Aux réparations et réfections des murs
de clôtures, des manteaux, chambranles,
tuyaux et souches de cheminée, des cloisons et objets de distributions et de décorations.

Aux parties à refaire des murs de bâtimens, voûtes, puits, puisards et autres
maçonneries, et des différentes charpentes,
pourvu toutefois que la valeur de chacune
de ces parties à reconstruire n'excède pas,
comme on l'a dit, le tiers de la valeur de
chaque tout, si l'on étoit obligé de le reconstruire en entier, et que la reconstruction de ce tout ne provînt pas de sa
négligence ; car si elle en provenoit, elle
seroit entièrement à sa charge.

Aux rétablissemens des objets dégradés
ou détruits par des orages, grêles, vents
impétueux et incendies ordinaires.

Aux reconstructions d'usines, de moulins à eau sur terre ou sur bateaux, de moulins à vent, de pressoirs, de treillages, de
portiques en treillages, de berceaux, de
jets d'eau, de réservoirs, de chaussées,
d'étangs, de viviers et de bassins.

Enfin, aux réparations d'escaliers, de

leurs rampes en fer, ou en pierre ou en bois, et au remplacement des marches usées ou cassées, des bancs, soit de pierre, soit de bois, des grilles, statues, etc.

II. Les grosses réparations ordinairement à la charge du propriétaire de l'héritage, consistent dans la reconstruction entière ou partielle d'un bâtiment, d'un mur de face ou de refend, et autres gros murs, d'une voûte, d'une fosse d'aisances, d'un puits, d'un puisard, d'un mur de soutenement de terrasse, des pans de bois, tant de face que de refend, d'un comble, d'un plancher, d'un escalier, des poutres, poutrelles et solives de plancher servant de poutrelles, d'un poitrail, d'un poteau cornier, etc. enfin dans tous les objets de longue durée, dont leurs réparations équivalent les deux tiers de la valeur de la reconstruction de chacun de ces objets.

III. Les usufruitiers, avant que d'entrer en jouissance des héritages sujets à usufruit, sont tenus de faire dresser, en présence des propriétaires ou de leurs fondés de pouvoirs duement appelés, inventaire ou reconnoissance de tout ce qui est compris dans l'usufruit, afin que l'on ne puisse demander, lors de la rendue, les objets autres ou meilleurs qu'ils n'étoient avant la mise en possession.

IV. Ces propriétaires peuvent contraindre les usufruitiers des héritages sujets à l'usufruit, de les entretenir de toutes réparations à fur et à mesure qu'elles se présentent, et ces usufruitiers peuvent forcer lesdits propriétaires à faire les grosses réparations.

V. Un usufruitier peut faire des améliorations ou augmentations dans un héritage dont il a l'usufruit; mais il ne peut, ou ses héritiers, les enlever qu'autant qu'ils pourront en tirer avantage, qu'elles n'auront pas été faites pour être à perpétuelle demeure, et que leur enlèvement ne détériorera pas l'héritage : ainsi, il ne peut ni détériorer, ni dénaturer les biens-fonds, ni en changer la destination pour les rendre pires, ni laisser en friche des terres qui sont de nature à être cultivées.

VI. L'usufruitier d'un immeuble tombé en ruine par vétusté, ou détruit par cas fortuit, ne peut pas forcer le propriétaire à le rétablir; mais son usufruit subsiste sur le sol.

Si ce propriétaire le rétablit, il en aura la jouissance, à la charge par lui de tenir compte de l'usufruit de ce sol; et s'il s'y refuse, l'usufruitier peut offrir d'en faire les frais pour en jouir sa vie durant, à la charge, par ledit propriétaire, de tenir compte aux héritiers de cet usufruitier de la valeur des constructions, d'après l'estimation qui en sera faite par expert ou à l'amiable.

VII. Celui qui cesse de posséder un héritage par bail emphytéotique, doit le rendre en bon état de réparations, quand bien même il l'auroit reçu en très-mauvais état.

VIII. Le gardien à l'administration fait les fruits siens pendant sa garde, à la charge par lui, 1.º de payer et acquitter les charges annuelles, les dettes arrérages que doivent les mineurs ou absens ; 2.º les nourrir, alimenter et entretenir selon leur état, si le cas y échet; 3.º de faire faire toutes les réparations aux héritages pour les rendre en bon état ; 4.º enfin, de les améliorer ou augmenter si les revenus excèdent la dépense desdites charges.

Ce gardien, avant de prendre possession de la garde, doit faire, d'après une ordonnance du juge, visiter par experts les héritages des mineurs ou absens.

CHAPITRE III.

Gagerie pour loyers, et quels biens sont immeubles ou meubles.

ARTICLE I.er

LE terme de gagerie signifie meubles et effets pour servir de gage et assurer le paiement de la chose due.

II. Il est permis à un propriétaire, après s'être fait autoriser par le juge, de faire procéder, par saisie et exécution, sur les meubles de son locataire, pour les réparations et termes des loyers dus et échus; il peut suivre les meubles et autres biens de son locataire, encore que ces meubles soient transportés, pour être premier payé et iceux arrêtés, jusqu'à ce qu'ils soient vendus et délivrés par autorité de justice.

III. Sont réputés immeubles les objets suivans; savoir :

1.º Les places vagues, jardins, terrès, prés, bois, édifices, maisons, hangars, clôtures, etc. construits par les propriétaires du sol ou par leurs curateurs, tuteurs, gardiens et possesseurs à bail emphytéotique, et encore tout ce qui est mis, scellé ou non pour perpétuelle demeure par ces propriétaires ou leurs fondés de pouvoir.

2.º Les arbres et arbustes, les vignes, treilles et treillages, les plantes, bois, foins, grains et toutes espèces de fruits pendans par racines et inhérens aux fonds.

3.º Les échalats ou charmiers qui sont plantés, ou qui sont entassés dans la vigne après avoir été employés, et les pailles, foins, fumiers, terres et terreaux destinés aux engrais.

4.º Les matériaux provenans de la démolition de l'un des édifices de l'héritage, et étant encore sur les lieux pour y être employés, l'horloge et sa cloche, la cloche d'appel pour les repas, et tous autres objets de ce genre disposés exprès à demeure.

5.º Les barques, bateaux, moulins sur bateaux, navires marchands et autres bâtimens sur l'eau, lorsqu'ils sont saisis par autorité de justice entre les mains des débiteurs pour être décrétés.

6.º Les poissons en étangs, viviers ou fossés, pour y croître et multiplier, les pigeons en colombiers à pied, les lapins en garennes, et les abeilles en lieux qui leur sont particulièrement destinés.

7.º Enfin il se trouve plusieurs autres

biens immeubles qui appartiennent, soit à la nation, soit aux communes, desquels on ne croit pas devoir s'occuper comme n'ayant point de rapport direct aux loix des bâtimens.

IV. Sont réputés meubles les objets suivans ; savoir :

1.º Ceux qui, n'ayant point de situation fixe, peuvent, sans être détériorés, se transporter d'un lieu dans un autre, et ceux établis non à perpétuelle demeure par les locataires, fermiers, métayers, même par les usufruitiers, pourvu toutefois que ces objets soient déposés et édifiés de manière à ce que, lors de leurs constructions, démolitions et enlèvemens, on ne puisse porter un préjudice non réparable aux héritages sur lesquels ils sont assis.

2.º Les choses qui ne sont mises par le propriétaire ou les locataires, fermiers et usufruitiers que pour un temps, comme les tapisseries, tableaux, miroirs, bras, plaques, lambris, alcoves, armoires, placards, cloisons en planches ou cloisons légères, rayons, porte-manteaux légèrement incrustés dans les murs, ou attachés avec des vis, clous et pattes, et même suspendus ou arrêtés avec des crampons, selles soit en plâtre, soit en plomb, en par eux de réparer les dégradations ; mais ces choses sont immeubles lorsqu'elles sont faites ou posées par le propriétaire pour être à perpétuelle demeure.

3.º Les constructions amenées ou non par l'état qu'exerce le locataire ou l'usufruitier, et liées avec les clôtures des héritages, sauf à ces locataires ou usufruitiers de reconstruire à neuf, si le cas y échet, les parties dégradées, et de payer les indemnités convenables.

4.º Les constructions faites par un locataire, ou même par un usufruitier, sur une place vague, sur un champ, dans un pré ou sur une rivière, de l'agrément de l'administration de cette rivière, peuvent être enlevés en remettant le terrein au même état qu'on l'a pris, si l'on ne concède pas au propriétaire de l'héritage ces constructions de gré à gré.

5.º Les plantes et légumes d'un marais, les arbres et arbustes mis en pépinières pour le commerce des propriétaires, usufruitiers et locataires, sont meubles, ainsi que les matériaux tirés du dehors, et préparés pour la construction d'un édifice.

6.º Les objets qu'un artisan aura mis en

terre ou scellés dans la maçonnerie , ou arrêtés à la charpente pour exercer son art , même quand l'artisan seroit le propriétaire de l'héritage qu'il auroit vendu , comme il se poursuit et comporte , sont aussi réputés meubles , parce qu'ils n'ont pas été mis pour perpétuelle demeure.

7.º Les pressoirs à vin et à cidre avec leurs cuves , les presses d'huiliers , leurs meules , bassins , chaudières et autres presses , les forges de serruriers , les fours de boulangers et pâtissiers , les fourneaux pour cuire la poterie , etc. construits par les locataires ou les usufruitiers , et non par le propriétaire pour l'avantage seul de son héritage , sont meubles , à la charge de réparer toutes les dégradations occasionnées par leurs constructions , et de donner , au besoin , des indemnités suffisantes.

8.º Enfin les bateaux , barques , moulins sur bateaux , navires marchands et autres objets de cette espèce , lorsqu'ils ne sont pas saisis par autorité de justice ; les poissons encore dans l'étang , la bonde levée ; les pigeons en colombiers non à pied , dits volières ; les poissons en viviers pour vendre ; les lapins non en garennes ; les volailles et les bestiaux nourris en la maison , sont réputés meubles, ainsi que les bois, foins, grains et toutes espèces de fruits non attachés par la racine, etc.

Ce qui est dit ci-dessus et des autres parts fait connoître que c'est la disposition et la manière de placer les choses mises au rang des ustensiles, qui les rendent meubles ou immeubles. Par exemple :

Si un usufruitier, pour sa plus grande commodité, prolongeoit le corps d'un bâtiment dont il a l'usufruit, si ce prolongement étoit analogue ou non, et lié ou non à ce corps, ou s'il construisoit sur l'héritage dont il a la jouissance, et si par la suite il desiroit, ou son héritier, enlever les constructions par lui faites non à l'usage de son état ou à demeure, qui dans le premier cas peuvent s'enlever, et dans le second cas doivent rester, cet usufruitier ne pourroit enlever ses constructions qu'autant que les matériaux en provenant équivaudroient la moitié de la valeur des constructions, réparations et même indemnités qui pourroient avoir lieu, défalquées de cette valeur, parce qu'on pourroit regarder ces constructions pour être faites à demeure, et que l'intérêt de ces démolitions ne se trouveroit pas assez fort pour

voir

voir détruire un objet utile sans presque avantage pour celui qui auroit construit. Il en seroit de même pour tous autres objets construits par les usufruitiers ou par les locataires, d'autant plus qu'on doit être plus porté à l'amélioration qu'à la détérioration des héritages dont on a la jouissance; et dans le cas où cette valeur de matériaux produiroit plus que la moitié de celle qu'a coûté la construction, on ne peut démolir cette construction qu'à refus qu'auroit fait le propriétaire de compter cette dite valeur au locataire ou à l'héritier de l'usufruitier, car celui-ci ne doit pas faire payer les objets qu'il a construits pour son utilité, et dont il jouit.

E

TROISIÈME PARTIE.

Des expériences et experts, des architectes et maçons, ou autres entrepreneurs.

CHAPITRE PREMIER.

Visitations ou expériences, nominations d'experts et leurs rapports.

ARTICLE I.er

En tous objets contestés par les parties intéressées et susceptibles de visitations, reconnoissances et d'expériences, ces parties doivent convenir, soit amiablement, soit en jugement, d'un ou de plusieurs experts, c'est-à-dire de gens à ce connoissant, qui étant nommés en justice prêtent serment pardevant les juges de fidèlement opérer, et remettent leurs rapports au greffe après les avoir affirmés sincères et véritables, pour, en plaidant ou en jugeant les procès, y avoir tel égard que de raison.

II. Le juge ne doit nommer d'experts d'office qu'autant que les parties ou l'une d'elles ne conviéndroient de personne, ou qu'il s'agiroit d'estimations ou de réparations de biens de mineurs ou d'absens.

III. Un expert qui a été nommé par une des parties ou d'office, ne peut être refusé ou reproché par l'autre partie, sans qu'il y ait des motifs légitimes de récusation.

IV. Les parties ne peuvent demander amendement, c'est-à-dire qu'il soit jugé autrement que sur le rapport; mais s'ils y apperçoivent des erreurs d'ignorance ou de mauvaise foi, ces parties le démontreront, et pourront, en s'opposant à l'entérinement en entier ou en partie de ce rapport, demander une nouvelle visitation par d'autres experts pour redresser les erreurs ; et si le juge trouve que le rapport soit vicieux par défaut de clarté ou de vérité, il doit ordonner une autre ou plus ample visitation.

V. Si la visitation exige un rapport peu compliqué, ce rapport peut être fait sur le lieu ; mais, dans le cas contraire, les experts pourront prendre les notes convenables qu'ils signeront sur ce lieu, et se retirer dans la maison de l'un d'eux pour rédiger leur rapport.

VI. Les experts doivent examiner si la commission dont ils sont chargés est au-dessus de leurs connoissances : dans ce cas, ils doivent s'en déporter pour ne pas contribuer à faire rendre un jugement inique, et pour ne pas être recherchés comme prévaricateurs.

VII. Ces experts acceptant la commission, doivent eux-mêmes rédiger leur rapport d'après ce qui est prononcé dans le jugement qui ordonne la visitation : cependant, si ces experts trouvent que le prononcé de ce jugement est insuffisant, ce qui arrive souvent, faute par les parties d'avoir bien présenté leur affaire, ils peuvent, à la suite de ce rapport, faire des remarques ou observations succintes, auxquelles le juge n'y aura égard qu'autant qu'il croira convenable.

VIII. Si les experts sont du même avis, ils le marqueront dans leur rapport; mais s'ils sont d'avis différent, ils donneront chacun leur dire dans un même rapport ; et le juge, s'il croit convenable, nommera d'office un tiers-expert, à moins que les parties s'en soient réservé le droit.

IX. Le tiers-expert, dans son rapport, doit s'expliquer d'une manière nette et démonstrative sur les raisons données par les premiers experts ; et faute de ce faire, son rapport doit être regardé comme non avenu : mais, dans le cas d'estimation, il ne peut estimer la chose dont est question ni au-dessus ni au-dessous du plus haut ou du plus-bas prix porté par les premiers-experts, et il ne peut faire que les observations indispensables auxquelles le juge n'aura égard que de raison. Si cependant ces observations démontroient des erreurs commises par les premiers experts, le juge doit statuer de manière à ce que ces erreurs soient redressées ; et dans le cas où elles seroient très-compliquées, il pourroit ordonner que nouvelle expérience seroit faite sans avoir égard aux premières : il en seroit de même si les experts et tiers-experts avoient donné dans leurs rapports des faits-controuvés pour des réels ; et dans ce dernier cas, les experts pourroient encourir l'interdiction ou autre peine encore plus grave ; car on ne peut se tromper sur les faits, lorsqu'on a les connoissances requises pour l'expérience dont on s'est chargé.

X. Les hommes de loi ou avoués, lorsqu'ils assistent à la visitation, dressent leur dire séparément du rapport des experts , afin de ne pas le charger de débats, souvent étrangers à l'objet de la visitation.

CHAPITRE II.

Des Architectes et de leurs honoraires.

ARTICLE I.er

On distingue quatre sortes d'architectures , la civile, la militaire , l'hydraulique et la navale. On ne s'occupera ici que de l'architecture civile , quoiqu'elles aient entr'elles des relations très-directes.

II. L'architecte , pour le civil, ne doit pas ignorer les mathématiques pures ou simples qui lui facilitent la connoissance des mécanique, statique, stéréotomie, etc. ni le travail des différens ouvrages , selon les lieux et sols, ni la qualité et la valeur des matériaux qu'il veut employer , ni la vraie manière de l'emploi de ces matériaux, ni la grammaire et le dessin, pour qu'il puisse faire comprendre d'une manière sûre ce qu'il propose ; ni enfin les loix et obligations, et tous autres objets concernant les bâtimens et édifices civils.

III. Jusqu'à présent les honoraires des architectes n'ont été établis que d'une manière incertaine et non analogue aux circonstances ; on croit donc devoir les établir en raison du prix moyen des constructions à faire dans la République, prix qui est environ les trois quarts de celui de Paris, et eu égard à la plus ou moins grande difficulté des constructions à faire, à leur plus ou moins forte étendue, et au plus ou moins de distance de l'habitation de l'architecte.

D'après ce on pense devoir suivre la marche que l'on va indiquer pour la fixation desdits honoraires ; et on suppose qu'un ouvrage de difficulté relative à la construction d'une maison d'habitation d'homme aisé, et construite en la ville où demeure l'architecte, produit, suivant le prix moyen des ouvrages faits dans la République, une dépense de 20,000 francs ; dans ce cas, les honoraires de l'architecte seroient de 1000 fr.

C'est d'après lesdites-considérations que la table suivante est formée.

Prix des Ouvrages de médiocre difficulté, faits en ville.	Proportions.	Honoraires des Architectes.	
francs.		francs.	
1,000	$\frac{1}{10}$	100	00
10,000	$\frac{1}{15}$	666	66
20,000	$\frac{1}{20}$	1,000	00
30,000	$\frac{1}{21}$	1,428	57
40,000	$\frac{1}{22}$	1,818	18
50,000	$\frac{1}{23}$	2,173	91
60,000	$\frac{1}{24}$	2,500	00
70,000	$\frac{1}{25}$	2,800	00
80,000	$\frac{1}{26}$	3,076	92
90,000	$\frac{1}{27}$	3,333	33
100,000	$\frac{1}{28}$	3,571	43
200,000	$\frac{1}{30}$	6,666	66
300,000	$\frac{1}{32}$	9,375	00
400,000	$\frac{1}{34}$	11,764	70
500,000	$\frac{1}{36}$	13,888	88
600,000	$\frac{1}{38}$	15,789	47
700,000	$\frac{1}{40}$	17,500	00
800,000	$\frac{1}{42}$	19,047	00
900,000	$\frac{1}{44}$	20,454	54
1,000,000	$\frac{1}{46}$	21,739	13
2,000,000	$\frac{1}{49}$	40,816	33
3,000,000	$\frac{1}{52}$	57,692	31
4,000,000	$\frac{1}{55}$	72,727	27
5,000,000	$\frac{1}{58}$	86,206	90

IV. Les honoraires des architectes pour les ouvrages en réparations faites dans les bâtimens des lieux de leurs habitations, valent un tiers de plus que ceux portés à la table précédente.

Ces honoraires pour constructions de bâtimens faits en campagnes distantes au moins d'un myriamètre des demeures des architectes, sont de moitié plus forts que ceux portés en cette table ; et le double, si ces ouvrages sont en réparation de bâtiment.

Lorsque les distances sont très-grandes, il est convenable, pour les ouvrages faits à la campagne, d'allouer à l'architecte les honoraires de la ville, et de lui tenir compte des voyages, ou plutôt de convenir avec cet architecte d'une certaine somme.

Lesdits honoraires pour les ouvrages simples et faits en ville, comme construction de murs de clôture et de terrasse, direction de glace, d'ornemens et d'autres ouvrages de décorations qui n'exigent pas les connoissances immédiates de l'architecte, mais plus particulièrement celles de l'artiste qu'il occupe, doivent être portés à moitié de ceux énoncés à ladite table ; de sorte que si ces ouvrages produisent une dépense de 20,000 francs, les honoraires seront de 500 francs au lieu de 1000 francs pour ceux faits entièrement à neuf, et 666 francs 66 pour ceux faits en réparations.

V. Si, pour plus d'intelligence, l'architecte se trouve obligé de faire des modèles, la valeur intrinsèque de ces modèles doit lui être payée en sus de ses honoraires.

VI. Lorsque l'architecte ne suit pas la direction des ouvrages demandés et qu'il a prescrits par ses plans, élévations, coupes, profils, devis et détails estimatifs, et par d'autres renseignemens, il ne lui est dû que le tiers des honoraires qui lui seroient naturellement revenus, parce qu'alors il n'est pas chargé de l'inspection, de la vérification et de l'estimation après coup de ces ouvrages; et il ne lui est dû que le quart, s'il n'a pas rédigé le devis et le détail estimatif.

Si les architectes, chargés de suivre les directions des ouvrages, se trouvent trop occupés pour les suivre avec précision, ils ne peuvent se faire remplacer à leurs frais que du consentement des propriétaires et que par des inspecteurs très-instruits, et non par des élèves qui apprendroient leur état au détriment des intérêts de ces propriétaires ; et l'on ajoute que les opérations de mal-façons et les changemens non demandés d'après écrit par lesdits propriétaires, ne peuvent leur procurer de supplément d'honoraires.

VII. L'architecte-inspecteur est celui qui dirige ou inspecte les ouvrages lors de leurs constructions. Il doit en savoir pour cette partie, comme on vient de le dire, au moins autant que l'architecte qui a donné le projet de ces ouvrages. Ses honoraires seroient les deux tiers de ceux d'un architecte qui auroit dirigé jusqu'à perfection les ouvrages par lui proposés ; mais ordinairement l'architecte qui donne le projet, prend des arrangemens avec l'architecte-inspecteur.

VIII. Les uns et les autres de ces architectes ne sont pas tenus à la garantie des ouvrages par eux dirigés, 1.° parce qu'ils ne sont pas payés pour cette garantie ; 2.° parce que les défauts qui se trouvent dans les ouvrages, peuvent provenir de causes qui leur sont étrangères; 3.° enfin, parce que c'est aux propriétaires à choisir des architectes intelligens.

CHAPITRE III.

Des maçons et autres entrepreneurs, et de leurs honoraires quand ils font les ouvrages par économie.

ARTICLE I.er

LES maçons et autres entrepreneurs doivent connoître parfaitement les objets qu'ils entreprennent, et ils ne peuvent exiger d'augmentation pour marchés faits, qu'autant que les erreurs qui pourroient se trouver dans ces marchés leur seroient étrangères, comme choses qu'ils ne devoient ni ne pouvoient prévoir.

II. Tous maçons et autres entrepreneurs sont tenus à la garantie de leurs ouvrages, soit pour le public, soit pour le particulier, pendant l'espace de quinze ans, et ils sont responsables dans tous les temps des incendies, éboulemens, etc. qui proviennent de leurs faits ou de ceux de leurs ouvriers, et non des faits des architectes ou de causes qui ne leur sont pas imputables.

Lorsqu'ils devront construire sur un héritage et près celui du voisin, et particulièrement si l'un de ces héritages se trouve chargé d'une ou de plusieurs obligations, ils disposeront les constructions à faire de manière à ne pas nuire ou enlever ces obligations; et avant de commencer ces constructions, ils feront signifier aux ayant droits qu'ils doivent construire en tels et tels lieux de tel héritage ; et les frais de signification, et même ceux d'alignement, leur seront remboursés par les propriétaires qui les ont chargés de leurs constructions.

Les significations faites aux propriétaires voisins mettent à couvert les entrepreneurs de toute recherche d'anticipations ; mais elles ne dérogent en rien aux droits d'obligations légalement établies.

III. Les maçons et autres entrepreneurs doivent, avant de commencer les ouvrages, avertir les architectes, s'il y en a, pour les diriger, ou les propriétaires au défaut de ces architectes, pour que rien ne se fasse à leur insu, et qu'ils soient à même de les surveiller dans leurs besognes. Ils sont de même tenus, sous peine à ce que reconnoissance soit faite à leurs frais, de faire prendre attachement par gens à ce autorisés, de toutes les parties d'ouvrages qui pourroient se trouver cachées par la suite.

IV. Un entrepreneur construisant un ouvrage à lui adjugé, ou pour lequel il auroit fait une soumission acceptée, ne peut rien faire en augmentation ou en amélioration, sans y être préalablement autorisé; et la plus-value, dans le cas d'autorisation, doit lui être payée en règlement, à moins qu'il n'y ait titre qui prescrive le mode de paiement.

V. S'il s'élève entre les propriétaires et les entrepreneurs des contestations relatives aux constructions, les architectes qui ont proposé ou seulement dirigé ces constructions, peuvent lever à l'amiable ces contestations; mais ces architectes ne peuvent être experts lorsque lesdites contestations sont portées en justice.

VI. Si le maçon ou autre entrepreneur rend compte au propriétaire de clerc à maître, il lui est dû le dixième de la valeur intrinsèque des dépenses pour avance d'argent et conduite des ouvriers, plus le vingtième pour équipages et faux frais; et dans ce cas il n'est pas tenu à la garantie des ouvrages, parce qu'il doit être considéré comme ouvrier principal, dont le travail tourne au profit ou à la perte de celui qui l'occupe.

VII. Si l'architecte qui a donné les projets d'une construction, s'en rendoit l'entrepreneur, il ne lui seroit point dû d'honoraires pour ces projets, parce qu'il seroit censé qu'on y auroit eu égard lors de la convention ; et dans ce cas, cet architecte seroit sujet aux garanties et obligations, comme tous autres entrepreneurs.

VIII. Les maçons, charpentiers et autres ouvriers de bâtimens sont tenus de demander paiement au plus tard dans la troisième année après l'exécution de leurs ouvrages, pour ne pas encourir la prescription, les trois années étant révolues.

Les comptes de société entre ces ouvriers, non arrêtés depuis trois ans révolus, sont aussi sujets à cette prescription, même pour les parties justifiées par des quittances et autres titres semblables que l'on auroit tirés des fournisseurs, parce qu'après ce temps il est difficile de justifier si ces titres n'ont pas été mendiés après coup, et s'ils ne sont pas forcés de prix.

F I N.

TABLE DES MATIÈRES

Contenues dans cet Essai.

PREMIERE PARTIE.

Des obligations ou asservitudes en général, pag. 1

Tolérance ne forme pas obligation , ibid.

CHAP. I.er Des obligations naturelles , 2

On peut s'emparer d'un héritage pour l'utilité publique, sauf indemnité suffisante , ibid.

L'héritage inférieur doit supporter les inconvéniens que les héritages supérieurs peuvent lui causer naturellement , 3

Un héritage peut être tenu à livrer passage pour l'exploitation des héritages voisins , ibid.

Grandeur des passages , ibid.

Les égouts, ruisseaux , fontaines et rivières publics appartiennent aux communs, rien ne s'y doit faire sans l'agrément de leurs administrations , ibid.

CHAP. II. Des obligations fondées par titres et sans titres , 4

Qui a le sol d'un héritage a le dessus et le dessous, ibid.

Des obligations d'égouts de particuliers , 5

Des vues droites et de côté , 8

Des clôtures mitoyennes et de leurs indices de mitoyenneté, ou non , 10

F

Il faut avoir privés, dits latrines, ès villes, faubourgs et bourgs,   pag. 12

Chap. III. *Des obligations retenues ou constituées par un père de famille, ou par le vendeur,*   ibid.

Destinations ou obligations retenues ou constituées par un père de famille, ou par le vendeur, valent titres,   *ibid.*

De la chose vendue,   13

On peut construire au côté et au-dessus d'un passage d'obligation,   *ibid.*

Le vendeur n'a pas la faculté de rachat, à moins qu'il ne se le soit réservé dans l'acte,   *ibid.*

Celui qui a droit de passage non commun dans la maison voisine, peut en faire une remise ou toute autre pièce,   14

Il faut signifier aux voisins avant que de construire près leurs héritages,   16

Des obligations de co-partageans d'une maison,   18

Des obligations des ayant droits aux puits, fontaines, ruisseaux, fosses d'aisances, etc. communs,   18

Chap. IV. *Des obligations par faits de changemens et de constructions,*   20

Si l'on peut forcer à reconstruire un mur mitoyen, *ibid.*

On ne peut se dispenser de vendre la mitoyenneté d'un mur propre assis sur ou joignant la ligne séparative des héritages,   21

Celui qui auroit renoncé à la mitoyenneté d'un mur peut s'y réintégrer,   22

Si un mur mitoyen est bon pour l'usage présent, et ne se trouve pas assez solide pour supporter une surcharge, celui qui desire le surcharger doit le reconstruire à ses frais,   23

Charges que l'on paye aux voisins lorsqu'on surélève un mur mitoyen, pag. 24

Il n'est pas loisible d'établir un pan de bois sur un mur mitoyen, 27

Garantie des incendies, *ibid.*

Lorsque les moellons ne sont pas résistibles à la charge, on doit poser des chaînes ou jambes en pierre dure, 28

On ne doit asseoir, en mur mitoyen, que les maî= tresses pièces de charpente, et ces maîtresses pièces ne doivent pas être portées par des corbeaux, *ibid.*

Longueur des portées de ces pièces dans les murs mitoyens, 29

En mur mitoyen, il n'est permis de faire des tranchées pour y noyer des bois, liaisonner les nouveaux murs, ou y établir des nouvelles cheminées, *ibid.*

On ne peut adosser les cheminées à un mur non mitoyen qu'après en avoir acquis la mitoyenneté des parties occupées, et d'en payer les charges s'il y a lieu, 30

De l'ouverture des tuyaux de cheminée, de la hauteur de leurs souches, de leur distance des bois, âtres relevés, à construire sur plancher, et contre-cœur à établir joignant les murs mitoyens, *ibid.*

Refortifier les enduits des murs et contre-murs joignant les pans de bois, lorsqu'on construit des fourneaux, potagers et des paillasses, 32

Intervalle, dit tour-du-chat, à observer aux fours et fourneaux, 33

Contre-murs à faire aux étables, écuries, magasins, salins, etc. 34

Bornes et barrières à poser pour empêcher les dégra-dations des murs, 35

Contre-murs à faire pour terre jestice, fouillement de
  sol, puits, puisards, égoûts, ruisseaux, canaux,
  fosses d'aisances, etc.   pag. 36
Les cloaques et mares doivent être éloignés de toutes
  habitations et des grands chemins,   39
Distance des murs à observer lors de la plantation des
  arbres,   40

SECONDE PARTIE.

*Des locations et réparations de la gagerie pour loyer,
  et de la distinction des biens meubles ou immeubles,*   43
CHAP. I. *Des locations et réparations locatives, et
  menues usufruitières,*   ibid.
Les baux locatifs sont soumis à différentes obligations,   *ibid.*
Des réparations locatives, en quoi elles consistent, 45
Des réparations menues usufruitières, en quoi elles
  consistent,   50
CHAP. II. *Des réparations usufruitières du posses-
  seur par bail emphytéotique et du gardien,*   54
Des réparations à la charge de la douairière, du do-
  nataire mutuel, du donataire usufruitier, et de
  l'usufruitier à vie,   ibid.
Des grosses réparations à la charge du propriétaire, 56
Des réparations à la charge des usufruitiers par bail
  emphytéotique,   58
Des réparations à la charge du gardien,   *ibid.*
CHAP. III. *Gagerie pour loyer, et quels biens sont
  immeubles ou meubles,*   59
Gagerie pour loyers,   *ibid.*

Objets réputés immeubles, pag. 59
Objets réputés meubles, 61

TROISIEME PARTIE.

*Des expériences et experts, des architectes et
maçons, ou autres entrepreneurs,* 66
Chap. I. *Visitations ou expériences, nominations
d'experts et leurs rapports,* ibid.
En cas de contestation, les parties nomment des ex-
perts, et, à leur défaut, ils sont nommés d'office,
ibid.
On ne peut demander amendement sur le rapport
d'experts, 67
Les experts ne doivent accepter la commission qu'au-
tant qu'ils ont l'intelligence convenable pour l'af-
faire dont ils sont chargés, 68
Du tiers-expert, 69
Chap. II. *Des Architectes et de leurs honoraires,* 70
Qualités requises aux architectes, ibid.
Des honoraires de ces architectes, 72
Des honoraires des architectes inspecteurs, 75
Chap. III. *Des maçons et autres entrepreneurs,* 76
Les maçons et autres entrepreneurs ne peuvent exiger
d'augmentations pour marchés qu'autant que les erreurs leur seroient étrangères, ibid.
Ils sont tenus à la garantie des inconvéniens qui pro-
viennent de leurs faits ou de ceux de leurs ou-
vriers, ibid.
Lorsqu'ils construisent pour un propriétaire, ils doivent donner des significations aux voisins, pour
qu'ils soient en garde sur les constructions qu'ils
font, 77

Ils ne doivent rien faire en sus de leur marché, sans
y être autorisés,   pag. 77

Honoraires dus aux maçons lorsqu'ils font les ouvrages par économie, et, dans ce cas, ces maçons
ne sont pas sujets à la garantie,   78

Il n'est point dû d'honoraires à l'architecte entrepreneur,   *ibid.*

L'entrepreneur est sujet à la prescription de trois
années révolues pour son paiement,   79

Fin de la Table.